LE
DUC DE NEMOURS,

SON PASSÉ, SON AVENIR POLITIQUE.

LE
DUC DE NEMOURS,

SON PASSÉ,

SON AVENIR POLITIQUE,

PAR

Adrien Pascal,

AUTEUR DES NOTES HISTORIQUES DES BULLETINS DE LA GRANDE ARMÉE
ET AUTRES OUVRAGES MILITAIRES.

Prix 1 franc.

PARIS,

CHEZ LEDOYEN, LIBRAIRE-ÉDITEUR,

PALAIS-ROYAL,

GALERIE D'ORLÉANS, No 31.

—

1842

LE DUC DE NEMOURS,

SON PASSÉ, SON AVENIR POLITIQUE.

Uno avulso, non deficit alter.

« Messieurs, dit le roi à l'ouverture de la Cham-
» bre (1), nous avons ensemble un grand devoir à
» remplir. Quand il plaira à Dieu de m'appeler à
» lui, il faut que la France, que la monarchie con-
» stitutionnelle, ne soient pas un moment exposées
» à une interruption dans l'exercice de l'autorité
» royale. Vous aurez à délibérer sur les mesures
» nécessaires pour prévenir, pendant la minorité
» de mon bien-aimé petit-fils, cet immense danger.

» Le coup qui vient de me frapper ne me rend
» pas ingrat envers la Providence, qui me conserve
» encore des enfants si dignes de toute ma ten-
» dresse et de la confiance de la Chambre !

Ces nobles et touchantes paroles, accueillies par
la Chambre des députés avec un enthousiasme solennel, ont provoqué d'un bout de la France à l'autre les mêmes sentiments de sympathie et d'admi-
ration. De toutes parts s'est élevée la même pensée,

(1) Discours d'ouverture de la Chambre (26 juillet 1842).

1

dont M. de Lamartine a été le fidèle et éloquent interprète :

« Sire, les peuples ont un cœur et ressentent
» leurs afflictions comme les rois ; mais ces épreu-
» ves, quelque sévères qu'elles soient, ne pren-
» dront jamais la France au dépourvu de prudence,
» de patriotisme et de fermeté. Elle vit dans ses in-
» stitutions; les grands sentiments nationaux sont
» ses grandes forces. La France veut être libre,
» forte, éternelle; à chaque crise qui la menace et
» qui l'ébranle, elle grandit ou s'affermit sur elle-
» même. Il est beau de voir un tel peuple s'incliner
» respectueusement sous la main de Dieu, puis,
» après avoir porté le deuil et fermé avec vous la
» tombe ouverte si près du trône, reprendre sa tâ-
» che interrompue par la mort, conserver sa foi
» dans l'avenir, et achever ses institutions. »

La mort du duc d'Orléans, en frappant la France dans ses plus chères espérances, a imposé à ses représentants la grande mission de compléter l'œuvre fondamentale de 1830, et de préserver ainsi l'avenir des incertitudes et des dangers d'une interruption dans l'exercice du pouvoir royal. Et cette mission, ils l'ont dignement remplie.

La loi sur la régence a été votée; elle l'a été sur une base large, puissante (1). *Il ne faut pas seule-*

---

(1) Lorsque le roi est mineur, le prince le plus proche du trône dans l'ordre de succession établi par la déclaration de la Charte de 1830, âgé de 21 ans accomplis, est investi de la régence pour toute la durée de la minorité. (Art. 2.)

ment qu'il n'y ait point d'interruption dans l'exer-
cice de la royauté , mais il faut que cet exercice soit
essentiellement ferme , actif, vigilant.

A peine échappée aux luttes longues et sanglan-
tes d'une régénération politique et sociale, émue
encore de l'agitation fiévreuse des partis, la France a besoin, avant tout, d'ordre et de stabilité.

Au régent comme au roi il faut une couronne
inviolable et sacrée, un trône placé au dessus des
orages et des haines politiques, un sceptre qui
rayonne du double éclat de la force et de la splen-
deur. C'est ainsi qu'a été posée cette question de
principe ; c'est ainsi qu'elle a été résolue. Mais une
autre question préoccupe encore vivement les esprits.

Le prince que la Providence peut appeler en ce
moment à monter sur le trône de France sera-t-il à
la hauteur de cette mission? Aura-t-il le front assez
large pour ceindre cette grande couronne, le bras
assez ferme pour tenir ce sceptre populaire? A-t-il,
comme son frère, retrempé son origine royale à la
source féconde de l'instruction publique? S'est-il
formé, pendant ces douze années de règne, aux
vertus d'un roi constitutionnel et aux exigences d'un
siècle méticuleux ? Pourra-t-il continuer avec sa-
gesse l'œuvre du roi Louis-Philippe? Au milieu de
cette mer semée d'écueils et de tempêtes, saura-t-il
diriger sans sombrer le vaisseau de l'état? Telles
sont les pensées qui s'agitent dans la foule; et ces
pensées sont sages et prévoyantes : car, si les cla-

meurs de l'émeute se sont apaisées et ne retentissent plus à nos oreilles que comme le bruit mourant de la tempête, si la guerre civile n'ensanglante plus nos cités, les passions des partis ne sont point éteintes ; les partis ne sont point ralliés autour du trône de juillet ; les partis sont encore là, debout, drapeau contre drapeau, prêts à pousser le cri de leur conviction, dussent s'ensuivre et la guerre civile et la guerre étrangère, dussent se renouveler les sombres horreurs du passé. Tout le monde ne sait-il pas, a dit M. Thiers à la tribune, dans son discours sur la régence, que les partis se sont donné rendez-vous à la mort du roi régnant?

Nous allons essayer de répondre à ces objections par des faits, et rassurer la France sur l'avenir en ce qui touche le duc de Nemours.

Elevé au collége comme le duc d'Orléans, cachant avec un soin modeste ses qualités sous l'égide de celles de son frère, depuis le jour où son frère devint l'héritier présomptif de la couronne, ce prince est moins connu du peuple et moins aimé peut-être que ne l'était le prince royal. Le soin qu'il a mis à s'effacer d'une scène brillante où il pouvait aisément attirer les regards, et à se tenir dans l'ombre, afin de donner plus de relief aux qualités du prince royal, attestent cependant une grande élévation d'esprit et une plus grande générosité de cœur ; mais le peuple ne raisonne pas toujours ses impressions. Quant à ceux qui ont vu de près ce jeune prince, il n'en est aucun qui ne parle avec éloge de son caractère généreux et loyal, ennemi de la duplicité et de l'intrigue (1); de son esprit éclairé, laborieux et modeste.

Rigide observateur de sa parole et de ses devoirs, le duc de Nemours exige autour de lui la même exactitude dans l'accomplissement de la parole donnée et dans l'accomplissement des devoirs (2). Telles sont en résumé les vertus dont on parle tout bas au château, et que la foule ignore parce qu'il met plus de soin à les tenir cachées. Dans les rangs de l'armée, le prince est plus connu; son courage rare et intelligent, sa haute capacité militaire, sa justice, lui ont concilié l'estime et l'attachement de tous. Les soldats se rappellent l'avoir vu à Anvers traversant les tranchées sous une grêle de

(1) Un des officiers du prince se plaignait un jour devant lui d'avoir perdu une somme de 500 fr. pendant un voyage fait avec S. A. R., en accompagnant sa plainte de circonstances qui la rendaient invraisemblable.

« Monsieur, lui dit sévèrement le duc de Nemours, après l'avoir écouté attentivement, vous savez combien j'ai horreur du mensonge; vous eussiez pu vous dispenser de raconter un fait qui n'est pas vrai, qui ne peut être vrai. Si vous eussiez perdu cette somme, je me serais empressé de vous la faire rembourser, ajouta-t-il; mais cela n'est pas, je le répète. »

(2) Le roi ayant écrit au duc de Nemours, alors en inspection dans le nord de la France, qu'il eût à se rendre promptement à Paris pour une circonstance importante, le prince répondit à S. M. qu'il serait aux Tuileries à un jour, à une heure fixés. Pendant la route, sa voiture se brisa. Le prince, couvert de contusions et d'échymoses, se mit en quête d'une autre voiture; malheureusement, le lieu où se trouvait son A. R. était un petit bourg, où il n'était guère possible de s'en procurer une. Enfin, après plus d'une heure de recherches dans les environs, on parvint à découvrir une méchante berline. Le prince arriva à Paris. La famille royale de se récrier en le voyant couvert de sang et de boue. Le duc de Nemours, examinant sa montre, dit au roi : « J'avais écrit à V. M. que je serais ici aujourd'hui à telle heure; je suis en avance de cinq minutes. »

balles, la tête haute, le front calme, le sourire sur les lèvres. Ils se rappellent sa constance et son énergie pendant la retraite de Constantine; son courage, l'habileté de ses dispositions d'attaque pendant le siége qui vengea l'insuccès de la première expédition, et tant d'autres actions du champ de bataille non moins remarquables. Les soldats savent avec quel talent de tacticien il dirige les grandes manœuvres des camps, avec quel facilité il descend des hauteurs de la science stratégique, des détails de la logistique, à ceux de l'exercice, et aux détails plus minutieux encore de l'équipement.

Ils savent enfin avec quelle justice intelligente sont répartis par lui et les récompenses et le blâme; avec quelle équité il fait la part des actions de tous, du supérieur et de l'inférieur : aussi l'armée, qui a versé des larmes de sang en apprenant la mort du duc d'Orléans, l'armée a accueilli avec une vive allégresse la loi qui vient d'être votée sur la régence. En faisant un faisceau de son dévoûment autour du berceau du comte de Paris, elle sera fière d'avoir à sa tête le duc de Nemours pour faire face aux ennemis du trône et aux ennemis de la France, si la Providence met un terme aux jours du roi avant la majorité de son petit-fils.

Louis-Charles-Philippe-Raphaël, etc., duc de Nemours, est né à Paris le 25 octobre 1814. Comme le duc d'Orléans, il fit ses études au collége Henri IV; comme le duc d'Orléans, il les fit avec succès. Esprit studieux, avide de savoir, il devint

en peu de temps très fort dans les sciences exac-
tes., auxquelles il s'adonna plus spécialement.

La carrière des armes était celle à laquelle il se
destinait; c'était du reste la seule qui convînt à un
descendant de Henri IV. C'est dans le but de s'y
distinguer qu'il étudia avec tant d'ardeur les sciences qui s'y rattachent. Son application à l'étude, la
précision de son esprit, l'énergie de sa volonté et
parfois la concision de son langage, l'avaient fait
surnommer, dans sa famille, *le petit Bonaparte.*

Le jeune prince avait 16 ans quand la révolution
de juillet s'accomplit. Arraché dès lors à la vie du
collége, il entra dans les rangs de l'armée, et y
poursuivit le cours de ses études.

Au cri de guerre poussé par la Belgique, il cou-
rut se ranger sous les bannières françaises. La vue
de nos drapeaux suffit pour mettre en fuite les Hol-
landais, et les deux princes d'Orléans et de Nemours firent leur entrée à Bruxelles au milieu des
transports de joie d'une foule enthousiaste qui les
saluait comme des libérateurs.

Peu de jours après, la Belgique offrait au duc de
Nemours une couronne royale. — On connaît le
sage refus du roi Louis-Philippe :

« Les exemples de Louis XIV et de Napoléon
» suffisent pour me préserver de la funeste tenta-
» tion d'ériger des trônes pour mes fils, et pour
» me faire préférer le bonheur d'avoir maintenu
» la paix à tout l'éclat des victoires que dans la
» guerre la valeur française ne manquerait pas

» d'assurer de nouveau à nos glorieux drapeaux. »

Mais, à la place d'une couronne, le duc de Nemours vint, quelques jours après, sous les murs d'Anvers, recevoir son premier baptême de feu. Pendant le siége de cette ville, il s'appliqua non seulement à faire ses preuves de bravoure ; il s'appliqua surtout à étudier la direction générale des travaux de siége.

Jamais armée française ne fut plus ardente, plus intrépide et en même temps plus résignée, plus docile aux règles que traçait la science dans toutes les phases d'un siége régulier ; jamais siége ne fut conduit avec autant de précision et de netteté. Commencé au jour fixé, il finit au jour fixé, et cependant, pour épargner la ville d'Anvers on négligea le point le plus vulnérable de la citadelle, et l'attaque eut lieu du côté de la campagne, en abrégeant le temps à force de travaux.

Souvent au milieu des opérations de la tranchée, au point le plus périlleux, nos soldats voyaient tout à coup arriver un jeune officier qui venait visiter leurs travaux, les encourager, et en suivre les progrès avec attention et recueillement, ne s'occupant en rien du feu de la citadelle, qui incessamment éclaircissait les rangs des travailleurs.

C'était le duc de Nemours !

La citadelle d'Anvers capitula, et la Belgique reconnaissante, en adressant au roi des Français des remercîments pour sa puissante intervention, et à l'armée pour son courage, dit en parlant des princes :

« Le souvenir de l'expédition d'Anvers, et des
» noms qui en sont devenus inséparables, est à ja-
» mais gravé dans nos annales. La Belgique y as-
» socie surtout les noms des deux princes fils
» de Votre Majesté, dont le jeune courage a deux
» fois concouru à l'exécution des garanties pro-
» mises par l'Europe. »

Un vaste champ venait d'être ouvert à l'ambition ou plutôt à l'amour du prince pour l'art de la guerre. Il s'y lança avec une incroyable ardeur; aussi ne tarda-t-il pas à devenir un des premiers tacticiens de l'armée.

Quoique faisant aux travaux des camps la plus large part de sa puissante activité, le duc de Nemours n'en est pas moins un gentilhomme affable, ami des arts, protecteur éclairé des artistes (1).

On sait avec quel succès les deux princes d'Orléans et de Nemours visitèrent les cours du Nord, quel accueil gracieux et bienveillant ils reçurent à Berlin, à Vienne, et dans toutes les villes où ils s'arrêtèrent. Partout, malgré leur jeunesse, ils furent proclamés des princes d'un mérite accompli.

Il en fut de même à Londres lors du mariage de

(1) La conduite réservée du duc de Nemours, conduite dont nous avons expliqué le noble motif, a fait croire aux personnes qui le voient de loin que ce prince est brusque et fier, et ce bruit absurde s'est répandu dans la foule. Ce prince, au contraire, est affable, simple, et surtout très accessible.

la reine d'Angleterre, où le duc de Nemours fut chargé de représenter la cour de France.

Au milieu des troubles civils, des attentats qui ont si souvent désolé la France et menacé les jours du roi, le duc de Nemours, ainsi que ses frères, s'est toujours placé entre la poitrine de son père et les balles des assassins, afin de réaliser cette sublime pensée : *Mes enfants sont ma meilleure cuirasse.*

Pendant la journée du 28 juillet 1835, lorsque l'infernale machine de Fieschi eut semé la mort avec une effroyable profusion autour du roi, on vit les trois frères d'Orléans, de Nemours et de Joinville, se grouper spontanément auprès de lui, présenter leur poitrine aux coups des assassins, et attendre avec une admirable résignation si la mort n'avait point encore des victimes à frapper.

Pendant ce funeste événement, le duc de Nemours était à la gauche du roi; son cheval fut blessé.

L'année suivante, ce prince allait affronter la mort du champ de bataille dans les plaines de la Numidie.

Une expédition importante était dirigée par le maréchal Clausel contre Constantine, cette ancienne capitale de Jugurtha; le prince voulut partager les dangers, les travaux, la gloire de nos soldats.

Avant de marcher sur Constantine, le maréchal adressa aux habitants de cette ville la proclamation suivante :

« Habitants de Constantine,

» Je vais marcher contre votre ville, m'en em-
» parer, et planter sur ses murailles le drapeau
» français : tels sont les ordres du roi, mon sou-
» verain ; ils seront exécutés.

» Restez paisibles dans vos maisons ; défendez-
» les, non contre moi, qui ne veux pas les attaquer,
» mais bien contre celui qui ruina Bone, et qui
» cherchera à vous perdre lorsqu'il se verra con-
» traint de se séparer de vous et de prendre la fuite.

» L'armée française sous mes ordres respectera
» votre religion, vos personnes et vos propriétés !
» Il ne vous sera rien demandé, rien imposé ! Le
» soldat sera logé dans des maisons séparées des
» vôtres, et le plus grand ordre régnera dans Con-
» stantine, si notre entrée se fait sans résistance
» et pacifiquement de votre part.

» Achmet-Bey lui-même peut trouver une sé-
» curité parfaite dans une soumission sans condi-
» tions ; mais il cesse de régner, de comman-
» der ; son pouvoir est brisé, et vous appartenez
» désormais à la France.

» La présence de S. A. R. le duc de Nemours à
» l'armée expéditionnaire est une nouvelle preuve
» du vif intérêt que porte le roi des Français à l'a-
» venir des indigènes dans toute la régence.

» *Le maréchal gouverneur général des possessions*
» *françaises dans le nord de l'Afrique,*

Clausel. »

Bone, le 4 novembre.

*Voici la composition de l'état-major de l'armée
expéditionnaire :*

Messieurs

Le maréchal Clausel, commandant en chef;
De Rancé, aide-de-camp du maréchal;
S. A. R. le duc de Nemours;
Le lieutenant-général Colbert, aide-de-camp du prince;
Le colonel Boyer, aide-de-camp du prince;
Le lieutenant-colonel Chabanes, officier d'ordonnance du prince;
Le capitaine Mac-Mahon, officier d'ordonnance du prince;
Le capitaine Genet, attaché à la brigade topographique;
Le lieutenant de Moury, attaché à la brigade topographique;
Le lieutenant de Mimont, attaché à la brigade topographique;
Le général Trézel, commandant supérieur de Bone;
De Lavaux-Coupet, capitaine aide-de-camp;
Evain, sous-intendant militaire à Bone;
West, adjoint au sous-intendant;
Le général de Rigny, commandant la cavalerie;
Poulle, capitaine aide-de-camp;
Corréard, colonel du 3e régiment de chasseurs d'Afrique;
Koenig, lieutenant-colonel;
De Thorigny, d'Acher, de Castellane, chefs d'escadron;
Youssouf-Bey, commandant les spahis;
Petit-d'Auterive, commandant le 59e;
De Liévreville, lieutenant-colonel;
Charpenay, chef de bataillon;
Issautier, capitaine, faisant les fonctions de chef de bataillon;
Levesque, colonel du 62e;
Secouryon, lieutenant-colonel;

Ducourthiat, Filippi et Delpy de la Cipière, chefs de bataillon;

Lecquet, colonel du 63e;

Delhores, chef de bataillon;

Pesson, major, commandant le 1er bataillon d'infanterie légère d'Afrique;

Corbin, colonel du 17e léger;

De Canteloupe, lieutenant-colonel;

Pagès, Marigal, chefs de bataillon;

Tournemère, colonel d'artillerie;

D'Armandry, chef d'escadron;

Mercier, colonel du génie;

Redoutey, capitaine du génie;

Hacquet, capitaine du génie;

Carrette, capitaine du génie;

Jenevay, lieutenant, commandant du train des équipages.

Après plusieurs jours de pluies, le temps s'étant remis au beau le 12 novembre, l'armée quitta Bone le 13, et se mit en marche sur Constantine avec 7,000 hommes de toutes armes.

Elle avait à peine établi son premier bivouac à Bou-Afra, qu'une pluie des plus abondantes vint l'assaillir; et le ruisseau sur les bords duquel étaient campés nos soldats étant promptement devenu un torrent, on ne put le faire passer aux troupes qui se trouvaient en deçà de cet obstacle que le 14 à midi. A cette heure le soleil ayant reparu, on campa à Mouhelfa; et le 15, après avoir passé, non sans les plus grandes difficultés pour les bagages, le col de Mouara, on arriva à Guelma. L'armée s'établit sur la rive gauche de la Seybouse.

Il reste à Guelma de nombreuses ruines de constructions romaines. Le duc de Nemours les visita

avec tout l'intérêt qu'inspire le souvenir de la puissance romaine. L'enceinte de l'ancienne citadelle étant assez bien conservée pour permettre d'y établir en toute sûreté, contre les Arabes, un poste militaire, le maréchal profita de cette facilité pour y laisser, sous une garde convenable, environ 200 hommes que la route parcourue avait déjà fatigués, et qui n'auraient pu suivre jusqu'à Constantine.

Le temps continuant à être favorable, l'armée reprit la route le 16, au point du jour, et s'arrêta de bonne heure à Medjaz-Amar, où, pour traverser la Seybouse, elle rencontra encore de grandes difficultés. Les rives étant très escarpées, les troupes du génie passèrent la nuit à établir les rampes, et à débarrasser le gué, encombré de pierres énormes.

Le 17, le maréchal fit effectuer le passage, qui dura très long-temps, et on atteignit sur les quatre heures après-midi la fameuse montée *de la* 10ᵉ, au haut de laquelle on passe le col de Raz-el-Akba, nommé par les Arabes le *Coupe-gorge*.

Une foule de ruines que l'on rencontre sur tous les mamelons attestent que les Romains avaient construit de demi-lieue en demi-lieue des tours et des forts pour rester entièrement maîtres de ce point militaire. Une partie de ces ruines donne également à supposer que beaucoup de grands personnages de Rome avaient construit de vastes et beaux palais dans ce pays si pittoresque.

Ce passage avait toujours été signalé comme si difficile, que les Arabes étaient convaincus qu'on ne pourrait le franchir avec le matériel de l'armée. Le maréchal Clausel fit reconnaître la montagne et les gorges par plusieurs officiers; et, tandis que l'armée passait la nuit au pied de la montagne, à Akbet-el-Achari, les troupes du génie, aidées de nombreux travailleurs, entreprirent le tracé d'une route qui fut parfaitement dirigée, et par laquelle tout le convoi parvint le 18, à six heures du soir, au col, qui fut ainsi franchi sans perte d'aucune partie du matériel de l'armée.

Ce même jour, 18 novembre, les troupes campèrent chez les Ouled-Zenaty, une lieue au delà du Raz-el-Akba.

Jusque là, tandis que le temps était favorable, on marchait au milieu d'une population amie et pacifique; les Arabes labouraient leurs champs, et les troupeaux nombreux, autour de nous, se trouvaient quelquefois sur le chemin même que suivait l'armée; elle n'était plus qu'à deux marches de Constantine.

Le 19, on campa à Raz-oued-Zenati, et ce fut là que commencèrent pour l'armée des souffrances inouïes et les mécomptes les plus cruels.

On était parvenu dans des régions très élevées : pendant la nuit, la pluie, la neige et de la grêle, tombèrent avec tant d'abondance et de continuité, que l'armée fut exposée à toutes les rigueurs d'un hiver de Saint-Pétersbourg, en même temps que les terres, entièrement défoncées, représentaient aux vieux officiers les boues de Varsovie.

On apercevait Constantine et ses effroyables es-

carpements, et déjà on désespérait d'arriver jusque sous ses murs.

On se remit en marche le 20, et l'armée parvint,
à l'exception des bagages et d'une arrière-garde,
au *monument* de Constantine, où l'on fut obligé de
s'arrêter.

Le froid devint excessif; beaucoup d'hommes
eurent les pieds gelés, beaucoup d'autres périrent
pendant la nuit, car depuis le Raz-el-Akba on ne
trouva plus de bois.

La position de Constantine est admirable, et sur
tous les points, à l'exception d'un seul, cette ville est
défendue merveilleusement par la nature même.
Un ravin de 60 mètres de largeur, d'une immense
profondeur, et au fond duquel coule l'Oued-Rumel,
présente pour escarpe et contrescarpe un roc
taillé à pic, inattaquable par la mine comme par le
boulet. Le plateau de Mansoura, communiquant
avec la ville par un pont très étroit, qui aboutit à
une double porte très forte, est défendu par les
feux de mousqueterie des maisons et des jardins
qui l'environnent.

Il était facile, au premier coup d'œil, de reconnaître que c'était par les mamelons de Koudial-Ati
que la ville devait être attaquée ; mais il était aussi
de toute impossibilité d'y conduire l'artillerie de
campagne, qui déjà, sur le plateau de Mansoura,
s'enfonçait en place jusqu'aux moyeux des roues.
Le colonel Tournemine ne put parvenir à faire por-
ter sur l'autre position deux pièces de huit.

C'est alors que commencèrent les hostilités ; elles furent annoncées par deux coups de canon de 24 pointés contre nos pièces, et par le drapeau rouge des Arabes, arboré sur la principale batterie de la place.

Le bey Achmet avait craint de s'enfermer dans Constantine. Il en avait confié la défense à son lieutenant Ben-Staïssa ; et, comme il ne pouvait compter sur les habitants, il avait introduit dans la ville une garnison de 12 à 15,000 Turcs et Kabyles, bien déterminés à la défendre.

La brigade d'avant-garde, après avoir traversé l'Oued-Rummel, se porta sur les hauteurs, qui, défendues par les Kabyles sortis en grand nombre de la place, furent successivement et bravement enlevées par nos troupes. Elles s'y établirent sous le canon des Arabes, tandis que, de notre côté, on disposait l'artillerie, dont le feu fut dirigé contre la porte d'El-Cantara pendant toute la journée du 22. Durant toute cette journée aussi la brigade d'avant-garde soutint un combat brillant contre les Arabes réunis à l'infanterie turque, sortie par celle des portes que nous ne pouvions bloquer, puisque nous n'avions plus que 3,000 hommes sous les armes.

Le temps continuait d'être affreux. La neige tombait à gros flocons ; le froid était excessif.

Il fallait essayer d'enlever la place de vive force, et, si on ne réussissait pas, ne pas attendre davantage pour ramener l'armée.

La première porte que l'artillerie avait battue

était enfoncée, et, si le génie parvenait à faire sauter la seconde, on pouvait espérer de pénétrer dans la ville.

Le maréchal ordonna des dispositions pour le logement des sapeurs, et des compagnies qui devaient les suivre.

Le génie, qui était resté en arrière avec une partie de ses voitures, étant arrivé à huit heures du soir, le général en chef prescrivit au colonel Lemercier de tout préparer pour reconnaître le soir même l'état de la porte d'El-Cantara, faire sauter ce qui restait encore debout, et frayer un passage à cinq compagnies d'élite des 63ᵉ et 59ᵉ régiments, qu'il mit sous les ordres du commandant Rancé, son aide-de-camp.

Malgré les plus savantes dispositions, malgré la valeur, l'intrépidité et la patience dont firent preuve nos soldats, et dont le duc de Nemours ne cessa de donner l'exemple, le maréchal Clausel dut renoncer à s'emparer de Constantine.

L'armée n'était plus assez nombreuse, le matériel assez grand, et les vivres assez abondants pour faire un siége en règle.

L'ordre de la retraite fut donné.

La première journée de retraite fut très difficile ; la garnison entière, et un grand nombre de cavaliers arabes, attaquèrent avec acharnement l'arrière-garde. Mais le 63ᵉ régiment et le bataillon du 2ᵉ léger du commandant Changarnier, soutenus par les chasseurs à cheval d'Afrique, repoussèrent brillamment toutes les attaques, tuèrent beaucoup de monde à l'ennemi, et le continrent constamment.

Dans un moment si grave et si difficile, M. le commandant Changarnier s'est couvert de gloire, et s'est attiré les regards et l'estime de toute l'armée. Presque entouré par les Arabes, chargé vigoureusement et perdant beaucoup de monde, il sut inspirer une telle confiance à son bataillon, formé en carré, qu'au moment où il était vivement assailli, il fit pousser à sa troupe deux cris de *vive le roi!* Et les Arabes, intimidés, ayant fait demi-tour à vingt pas du bataillon, un feu de deux rangs, à bout portant, fit un épouvantable carnage parmi eux.

La retraite continua par un froid excessif, au milieu des boues, sans moyens de transports, sans beaucoup de munitions, et presque sans vivres. L'armée se montra supérieure au malheur; elle fut patiente, résignée et brave jusqu'au bout; harcelée à chaque pas par les Arabes, elle repoussa toutes leurs attaques et n'abandonna pas un seul blessé; enfin, après plusieurs jours d'une marche laborieuse, elle rentra à Bone, où elle s'apprêta déjà à venger l'échec que ses armes venaient de recevoir.

Pendant cette désastreuse retraite, le duc de Nemours se fit remarquer par sa force d'âme, son humanité, et la sollicitude dont il ne cessa d'entourer nos soldats : aux braves, à ceux qui avaient l'âme fortement trempée, donnant des éloges; aux faibles des encouragements, aux blessés tous ses soins, à l'armée entière montrant l'exemple du courage et de la résignation.

Le séjour du prince à Alger, après cette expédition, mérite d'être rapporté.

A l'arrivée du *Sphinx* en rade, M. le lieutenant général baron Rapatel, commandant les troupes ; M. Bresson, intendant civil, et M. le contre-amiral de Fresne, commandant de la marine, se rendirent à bord pour prendre les ordres de S. A. R. Elle fut reçue, à son débarquement, par les autorités ; la population, qui s'était spontanément réunie, salua le prince de ses acclamations, depuis la Marine jusqu'à l'hôtel du gouvernement, où il descendit. Les troupes, sous les armes, mêlèrent leur salut militaire à ceux de la foule et aux éclats du canon.

Le lendemain 7, le prince se rendit à l'hôpital militaire du Dey, qu'il visita en détail et avec beaucoup d'intérêt, adressant souvent la parole aux malades et aux blessés.

S. A. R. visita la Casbah, puis le fort l'Empereur, et vint dans la plaine de Mustapha, où étaient rassemblées la milice d'Alger et les troupes de ligne disponibles, dont elle passa la revue.

Le 8, le prince partit d'Alger de très bonne heure pour aller visiter les camps de Douéra et de Bouffarick ; à son retour, il parcourut une partie de la Mitidja en passant par Byr-el-Toutta, Oued-el-Kerma, Byr-Kadem.

De là S. A. R. se rendit à la mosquée de la rue de la Marine, où l'attendaient le muphti, le cadi et les ulémas du culte maléki, pour l'inauguration du péristyle qui devait être établi en avant de cet édi-

fice. M. l'intendant civil, avant la pose de la première pierre par le prince , lui parla ainsi :

« Monseigneur,

» Votre Altesse Royale a voulu poser la premiè-
» re pierre du péristyle de la grande mosquée.
» Cette cérémonie, qui rassemble près d'elle le
» muphti, le cadi, les ulémas et les principaux mu-
» sulmans, ne ressemble en rien à celles qui, dans
» nos villes, consacrent l'érection des monuments
» d'art ou d'utilité publique. Cette cérémonie a un
» but moral, un but politique ; elle doit effacer des
» impressions douloureuses qui ont été exploitées
» contre nous.

» Nous n'en pouvons douter, Monseigneur, l'é-
» difice que vous allez fonder constituera, aux
» yeux des indigènes, un acte de haute réparation
» de mesures rigoureuses , mais nécessaires. L'a-
» spect monumental de cet édifice, ces colonnes ,
» ces portes, ces cuvettes qui la décorent, frap-
» peront l'imagination vive et religieuse des Ara-
» bes. Dans les villes et sous la tente, le nom de
» votre Altesse Royale sera souvent mêlé avec re-
» spect au récit de cet éclatant témoignage de la
» protection que le roi accorde au culte musulman ;
» et déjà elle pourra reporter à Sa Majesté les sen-
» timents de pieuse reconnaissance qu'il inspire. »

« J'espère avec vous, M. l'intendant, répondit
» S. A. R. M. le duc de Nemours, que le monu-
» ment que nous allons élever sera aux yeux de
» tous les indigènes un gage solennel de la prote-

» ction que le gouvernement du Roi accorde au culte
» musulman, et qu'il contribuera puissamment à
» abattre la barrière que la différence de religion
» pourrait élever entre eux et nous. »

Le muphti témoigna à S. A. toute la reconnaissance dont les vrais croyants étaient pénétrés, et
appela les bénédictions du ciel sur le jeune prince
et sur la famille royale.

Le duc de Nemours voulut visiter en détail la
mosquée et ses dépendances. Puis il vint sceller la
pierre où ont été placés, dans une boîte de plomb,
plusieurs pièces d'or et d'argent au millésime de
1836, et le procès-verbal de la cérémonie, rédigé
en français et en arabe.

S. A. R. honora aussi de sa présence la mosquée
Hanifi, fit connaître au muphti qu'elle avait chargé
M. l'intendant civil de faire remplacer par une
chaire en marbre celle en bois qui existe au milieu
de l'édifice.

Le prince termina la visite des établissements
religieux par la synagogue des juifs, qui était dé-
corée avec un grand luxe. Son entrée dans le tem-
ple fut saluée par un hymne dont voici la tra-
duction :

Bénédiction en hébreu.

« Que celui qui veille à la sûreté des rois et qui
» accorde la domination aux souverains du globe
» terrestre, celui dont l'empire est l'immensité et
» le trône l'éternité, celui qui a libéré David, son

» serviteur, du glaive redoutable ; celui qui, par sa
» haute intelligence, a créé ce vaste océan, et sur
» l'ordre immortel de qui de sublimes sentiers pa-
» rurent entre les flots d'azur ; que celui-là même
» bénisse, conserve, glorifie, élève au plus haut
» degré S. M. Louis-Philippe Ier, roi des Français,
» et son illustre maison royale.

» O Dieu incompréhensible ! qu'il plaise à ta mi-
» séricorde infinie de délivrer de tous les périls,
» d'éclairer de la céleste lumière, un si grand, si
» généreux, si auguste monarque.

» Que ta puissance invisible protége et agran-
» disse l'astre de son destin et prolonge sa glorieuse
» carrière !

» Puisses-tu lui inspirer à lui et à ses ministres
» des sentiments de commisération et de bienveil-
» lance envers les enfants d'Israël ! *Amen.*

» Dieu protége la France ! »

S. A. R. refusa les fêtes qui lui étaient offertes
par la ville d'Alger. Les motifs donnés par le prince
font le plus grand honneur à ses sentiments :

« Dans les circonstances pénibles où se trouve
» l'armée, répondit le prince, alors qu'elle pleure
» la mort de braves, je ne puis accepter les fêtes
» que vous voulez bien m'offrir ; mais bientôt je re-
» viendrai parmi vous, je reviendrai pour vous ai-
» der à réparer l'insuccès d'une première expédi-
» tion, et cette fois, je l'espère, nous pourrons cé-
» lébrer par des fêtes les victoires qui auront ven-

» gé et l'honneur de notre drapeau, et la mort de
» nos frères. »

Un an après il venait accomplir sa promesse.

La nouvelle expédition dirigée contre Constantine devait être commandée par le duc d'Orléans;
des considérations de famille s'y opposèrent, au
grand regret de ce prince, et le général Damrémont reçut le commandement en chef. Il avait pour
général d'artillerie le général Valée, pour général
dans l'arme du génie Rohant de Fleury, pour généraux de brigade le duc de Nemours, les généraux
Trézel, Rulhières, et le colonel Combes.

Le corps expéditionnaire se composait de 10,000
hommes. Nous allons suivre la marche de la première brigade, commandée par S. A. R. le duc de
Nemours (1) pendant le cours de cette campagne.

Le 1er octobre, à sept heures du matin, la première brigade se mit en marche de Medjez-Amar,
et arriva au sommet de Raz-el-Akba, où elle bi-
vouaqua. Il plut pendant cette première journée de
marche, et cette coïncidence avec les jours pluvieux de la première expédition jeta un voile de
pénible tristesse sur l'armée; mais l'air calme et
assuré du prince, et un rayon de soleil qui vint
éclaircir l'horizon, dissipèrent toutes les alarmes,

---

(1) Cette brigade se composait de
1 bataillon de zouaves;
1 *idem* 2e léger;
3e régiment de chasseurs d'Afrique;
2 bataillons du 17e léger;
2 escadrons de spahis;
2 pièces de campagne et 2 de montagne.

et rendirent à l'armée sa gaîté et sa confiance dans l'avenir.

Le 2, la brigade du duc de Nemours passa la nuit au marabout de Sidi-Taoutan ; le 3, elle campait sur l'Oued-Mœris ; le 5, elle atteignait le Bou-Mezzoug ; le 6, à midi, toute l'armée se trouva réunie sur la hauteur de Somma. De là on apercevait le camp d'Ahmet et les remparts de Constantine. Le soir, la brigade de Nemours allait planter ses tentes au camp de la Boue, au lieu même où l'année précédente s'était livré un combat tristement célèbre dans nos annales, après avoir échangé quelques coups de fusil avec les Arabes nomades du désert.

Le lendemain, à neuf heures du matin, par un temps pluvieux et froid, le duc de Nemours établit sa brigade au plateau de Mansourah, et alla reconnaître les abords de Constantine avec le général Damrémont.

C'était la même forteresse gigantesque, c'étaient les mêmes moyens de défense, c'étaient les mêmes soldats d'Ahmet-Bey, enorgueillis par un premier succès, et décidés à une énergique résistance. Partout sur les remparts, au haut des minarets, au sommet des maisons, on voyait flotter d'immenses drapeaux rouges, et s'agiter les nombreux défenseurs de la place. Lorsque le jeune prince et le général en chef parurent, d'effroyables cris de mort sortirent de toutes les poitrines des habitants, et se mêlèrent au bruit du canon de la forteresse.

La position de Koudiat-Ati fut, comme l'année

précédente, désignée comme le point vulnérable de la place.

Des batteries furent établies, et le duc de Nemours nommé commandant des troupes du siége.

Dans la journée du 7 octobre, deux sorties furent tentées par les assiégés ; la première se dirigea sur la droite du plateau de Mansourah, où était établie la brigade du duc de Nemours, et fut vivement repoussée par le 2ᵉ léger et les zouaves, commandés par le prince en personne. La deuxième sortie eut lieu vers Koudiat-Ati, et fut également repoussée. Le même jour fut établie la batterie de brèche dite de Nemours. Le mauvais temps ne cessa de déranger les travaux de siége, et ajouta aux fatigues des soldats ; aussi attendaient-ils avec impatience l'ouverture du feu.

Elle eut lieu le 9 à sept heures du matin. Une grêle de boulets, de bombes et de fusées, tomba comme un orage sur la ville ; mais l'antique Cyrtha reçut sans s'étonner cette pluie de feu, et ne parut nullement disposée à ouvrir ses portes, comme on s'y attendait.

Le 10 au matin, les Arabes se disposaient à une attaque générale vers Koudiat-Ati ; le prince les prévint en lançant contre eux quelques troupes légères. Le feu meurtrier des Arabes ayant causé quelque hésitation dans leurs rangs, le général Damrémont et le duc de Nemours se mirent à leur tête, et se précipitèrent sur l'ennemi ! L'impulsion fut rapide et victorieuse sur tous les points. Une nouvelle batterie de brèche fut établie. Dans la ma-

tinée du 11, le gouverneur général, le général Valée et le duc de Nemours, se portèrent vers la nouvelle batterie et en firent ouvrir le feu. En quelques
heures les feux de la place furent éteints, et les for-
midables remparts de la ville commencèrent à être
ébranlés. L'heure de l'assaut allait sonner, et l'arme
blanche, cette arme francaise, allait bientôt permettre à nos soldats de triompher du nombre de
leurs ennemis. Le 12 octobre, avant d'ordonner
l'assaut, le gouverneur général fit proposer à la
ville une capitulation honorable. Les défenseurs de
Constantine lui répondirent :

« Il y a à Constantine beaucoup de munitions de
» guerre et de bouche ; si les Français en manquent,
» nous leur en enverrons. Nous ne savons ce que
» c'est qu'une brèche ni une capitulation. Nous dé-
» fendrons à outrance notre ville et nos maisons.
» Les Français ne seront maîtres de Constantine
» qu'après avoir égorgé jusqu'au dernier de ses dé-
» fenseurs. »

« Ce sont des gens de cœur, dit le général Dam-
» rémont, eh bien ! l'assaut n'en sera que plus glo-
» rieux pour nous ! »

Le même jour, vers les deux heures du soir, le
gouverneur général reçut la mort près de la batterie de Nemours, au moment où il observait les progrès de notre feu contre la place.

Le lendemain, Constantine enlevée d'assaut
vengea et la mort des braves de la première expédition, et la mort du général Damrémont.

A sept heures, le duc de Nemours ordonna l'assaut; le colonel Lamoricière s'y élança à la tête des zouaves et d'un bataillon du 2e léger. «En un instant, dit M. le capitaine de Latour-du-Pin dans le brillant récit qu'il a fait de ce siége, en un instant, malgré la roideur de la pente et les éboulements des terres et des décombres qui manquaient et croulaient à chaque mouvement sous les pieds et les mains des assaillants, elle est escaladée, on pourrait dire plutôt à la faveur qu'en dépit des coups de fusil des assiégés: car, dans certaines circonstances, le danger est une aide, et non un obstacle.

» Bientôt le drapeau tricolore que portait le capitaine Garderens, des zouaves, est planté sur la crête de la brèche. Dès que les premières têtes des Français, s'élançant de la batterie, s'étaient montrées en dehors de l'épaulement, le couronnement des remparts avait comme pris feu; une fusillade continue s'était allumée le long de cette ligne, et tout l'espace que nos soldats avaient à parcourir de la batterie à la brèche était incessamment sillonné de balles : bien peu d'hommes cependant furent atteints dans ce trajet.

» Le pied, la pente et une petite plate-forme au dessus de la brèche, étaient garantis, à droite, des feux de flanc, par un massif de maçonnerie antique resté debout comme contre-fort moderne, comme un petit fort où les colonnes d'attaque pouvaient se reformer : l'effort pour gravir le rude talus s'accomplissait au moins sans d'autres difficultés que celle qu'opposait le terrain. On arrive au sommet de la brèche ; là on trouve quelque chose de plus terrible, de plus sinistre , que la présence de l'ennemi, une énigme dévorante, toute prête à engloutir qui ne la devinerait pas ; ce sont des constructions incompréhensibles, des enfoncements qui promettent des passages et qui n'aboutissent pas, des apparences d'entrée qui n'amènent aucune issue , des contours et des saillants embrouillés comme à plaisir ; des semblants de maison dont on ne sait où prendre le sens, où prendre la face, et pour ainsi dire un mirage périlleux qui offre l'image décevante d'un angle de ville, et où l'on ne peut rien saisir de ce qui constitue une ville réelle. Mais les balles de l'ennemi connaissent la route ; elles arrivent sans qu'on sache par où elles passent ; elles frappent sans qu'on puisse leur répondre.

» Enfin, après avoir bien fouillé le terrain, la compagnie à laquelle avait été assigné le rôle d'opérer sur la droite , ayant traversé un petit plateau formé de décombres amoncelées , aperçoit au dessous d'elle, et au pied du grand édifice orné d'une arcadure qu'on remarquait de Koudiat-Ati, une des batteries non casematées du rempart, dont les canonniers restent fermes et prêts à défendre leurs pièces. D'après l'ordre de leur commandant, le capitaine Sanhaé , tué quelques instants après , les zouaves, sans tirer un seul coup de fusil, se précipitent à la baïonnette sur l'ennemi , malgré la décharge terrible que celui-ci fait , presque à bout portant, de derrière un restant de terrain qui le protégeait, et malgré le feu bien nourri qui part

des créneaux pratiqués dans la grande maison:
Plusieurs zouaves sont tués ou blessés, et le lieutenant de la compagnie a le bras fracassé de trois
balles ; mais les défenseurs expient chèrement leur
audace.

» Soit qu'étonnés par l'impétuosité de l'attaque, ils
n'aient pas le temps de se reconnaître , soit qu'ils
eussent résolu de mourir à leur poste , ils ne cher-
chent pas à fuir et se font tuer tous dans leur batterie. Devant elle, la compagnie victorieuse voit
encore des ennemis; plus loin, le long du rempart,
dans un terrain inférieur, au delà de l'angle de l'é-
difice et près d'une seconde batterie, d'autres canonniers turcs se tiennent postés derrière une
barricade qu'ils avaient formée avec une charrette
et des affûts brisés, et semblent décidés à soutenir
le choc des assaillants. Mais ceux-ci ne se laissent
pas emporter, par l'entraînement de leurs succès et
de leurs périls récents, dans le piége qui leur est
offert. S'ils s'engagent plus avant dans cette voie,
ils vont être pris en flanc et à dos par les feux du
grand bâtiment; ils le sentent, et, retournant sur
leurs pas, ils vont chercher à pénétrer dans la
maison pour en débusquer les défenseurs, et assurer ainsi leurs derrières avant de continuer à pour-
suivre l'ennemi de poste en poste dans la direction
qui leur était indiquée.

» En effet, revenus à leur point de départ, ils
finissent par découvrir derrière les débris qui l'en-
combraient l'entrée de ce vaste poste, dont la prise
était devenue nécessaire. La porte est enfoncée,

quelques Arabes sont tués en se défendant, d'autres en fuyant; mais le plus grand nombre, sans résister, s'échappe on ne sait par quelles issues. »

La colonne du centre éprouva des obstacles plus sérieux encore que la première; le colonel Lamoricière la dirigeait. Après avoir à grand'peine déblayé les décombres qui obstruaient l'étroit chemin de la brèche sous une grêle de balles lancée par un ennemi invisible, chassé de masure en masure les défenseurs de ces remparts, on arrive à une espèce de porte établie en travers de la rue, et communiquant à une ligne continue de maisons. On l'enfonce à coups de hache; mais à peine est-elle entr'ouverte, qu'une décharge générale sème la mort dans les rangs de la colonne. A quelques pas en arrière de ce lieu, un pan de mur s'écroule et ensevelit dans ses décombres une foule de braves soldats; de ce nombre, le chef de bataillon Sérigny. Une explosion terrible a lieu presque en même temps. Le duc de Nemours, qui dirigeait les mouvements d'attaque, envoya la seconde colonne d'assaut, commandée par le colonel Combes. Cet intrépide officier arrive sur le lieu où vient de s'accomplir le drame lugubre, et, ralliant les soldats de Lamoricière, blessé gravement dans l'explosion, se précipite à son tour sur les Arabes, et attaque une sorte de barricade formée de cadavres et de débris de toute espèce. Cette barricade est enlevée; mais le colonel Combes reçoit deux balles dans la poitrine. Blessé mortellement, il continue à donner des ordres jusqu'à ce que le rempart soit enlevé;

puis il revient seul, calme et tranquille, rendre compte au duc de Nemours de l'état des choses. Rien dans ses traits ne trahit les tortures de la mort qu'il porte en son sein; son récit est calme et précis :

« Ceux qui ne sont pas blessés mortellement » jouiront de ce beau succès, ajouta-t-il en termi- » nant. »

Ce fut alors qu'on s'aperçut qu'une balle lui avait traversé la poitrine. Cependant la disparition des deux chefs Combes et Lamoricière, et les diverses et terribles péripéties du siége, dont on ne voit point l'issue, ont porté l'incertitude dans les rangs de nos soldats.

Le duc de Nemours envoie incessamment des troupes fraîches par détachements de deux com- pagnies, afin d'éviter l'encombrement qui avait été si funeste l'année précédente.

Toujours audacieux, nos soldats se précipitent au devant du danger; à force de courage et de pa- tience, ils parviennent à s'ouvrir des issues qui se ramifient vers différents points de la ville, et qui étreignent les Arabes dans un réseau de fer. Ces divers mouvements les intimident, la défense est moins acharnée; plusieurs fuient, d'autres se font tuer. Une compagnie de zouaves est parvenue à gagner la rue de la Casbah; de ce point, ils mena- cent la retraite des assiégés. Une autre compagnie s'empare d'un immense magasin de grains, et s'ou- vre par là une communication avec le foyer principal de la résistance. Un volcan de feu semble en sortir à mesure que nos soldats en approchent; tous les étages inférieurs et supérieurs sont garnis de lances et de défenseurs. Les zouaves parviennent à les mettre en fuite, et à s'emparer de ce point important.

En ce moment, le commandant en chef envoie le général Rulhières pour régulariser la possession des divers points de la ville. Ce général, après avoir vu le cercle étroit dans lequel s'agitaient encore les derniers défenseurs de la ville, se porta sur la Casbah, en prit possession, et établit sur plusieurs points des postes nombreux. Peu à peu la canonnade et la fusillade cessèrent, et Constantine fut à jamais française !

Le général en chef et le duc de Nemours entrèrent presque aussitôt dans la ville au milieu du spectacle effrayant que présentait la brèche. Le prince s'établit dans le palais d'Achmet. De ce lieu l'œil découvrait un spectacle non moins effrayant. Sur le flanc des rochers à pic s'agitait une longue ligne mouvante, du milieu de laquelle s'élevaient des cris de malédiction et des soupirs d'agonie ; c'étaient les habitans de Constantine, qui, tranquilles derrière leurs retranchements, n'avaient connu enfin à quels puissants ennemis ils avaient affaire que lorsque les Français se furent rendus maîtres de leur ville, et qui, pour les éviter, affrontaient une mort affreuse et certaine. Des cordes rompues et pendantes encore indiquaient assez les moyens employés par les malheureux pour descendre dans les abymes, où la plupart n'arrivaient que mutilés et sanglants.

Ainsi fut terminée la deuxième expédition de Constantine (1).

Le duc de Nemours avait ponctuellement acquitté sa promesse : la mort de nos soldats pendant la première expédition était vengée, et Constantine était au pouvoir des Français !

En 1841, c'est-à-dire 4 ans après la prise de Constantine, le duc de Nemours revint en Algérie prendre sa part des travaux et des dangers de l'armée pendant une expédition décisive entreprise contre Abd-el-Kader. Le prince donna de nouvelles preuves, pendant cette campagne, de cette intrépidité calme et raisonnée qui le caractérise, de ce coup-d'œil militaire qui fait les bons généraux, et qui sait préparer le succès par des manœuvres imprévues et rapides.

Le cadre de cette brochure ne nous permet pas de nous étendre plus long-temps sur les actions de ce prince; nous avons voulu seulement, suivant

______

(1) *Extrait du rapport du maréchal Valée.*

Parmi ceux qui se sont particulièrement distingués je nommerai en première ligne S. A. R. Monseigneur le duc de Nemours, et Messieurs les généraux Fleury, Trézel et Rulhières. S. A. R. le duc de Nemours cite parmi ses officiers d'ordonnance, comme s'étant surtout distingué, le capitaine de hussards Ney de la Moskowa.

cette maxime : *Un prince doit être connu de ses amis et de ses ennemis ; le récit de sa vie doit justifier l'affection des uns et lutter contre les haines des autres, en brisant les instruments que la calomnie seule aurait pu leur fournir ;* nous avons voulu, disons-nous, expliquer ces belles paroles du roi : « Le coup qui vient de me frapper ne me rend pas ingrat envers la Providence, qui me conserve des enfants si dignes de toute ma tendresse et de la confiance de la Chambre. » Sa Majesté aurait dû ajouter : *Et de la France !* Nous avons voulu rassurer les amis de nos institutions libérales en leur montrant que ce prince a l'âme forte et sage, l'esprit juste et prévoyant, et qu'entre ses mains les intérêts de la France et de nos libertés ne sauraient péricliter. Nous avons voulu principalement répondre aux insinuations de quelques esprits malveillants, qui se demandaient si le duc de Nemours serait assez désintéressé pour conserver intact le dépôt de la couronne de son neveu, et s'il n'élèverait point un trône à côté du trône. Voilà le but de cette brochure.

Si nous ne craignions pas de réveiller des douleurs récentes, et surtout de froisser les susceptibilités de nobles cœurs, nous rapporterions des particularités sur la mort du duc d'Orléans qui montreraient combien cette auguste famille est digne de l'attachement des Français, combien sont saints et sacrés les liens de l'amitié qui en unissent tous les membres !

Nous ajouterons cependant une dernière considération.

Si la mort frappait avant l'heure le chef de cette dynastie, et ouvrait un vide profond entre la tombe du prince royal et le berceau du comte de Paris, le duc de Nemours est là pour combler ce vide. Puissant par les qualités du cœur et de l'esprit, il veillerait, attentif et désintéressé, sur les destinées de la France et sur les destinées du comte de Paris.

Puis, sa tâche remplie, il s'effacerait derrière le trône, à l'ombre de la royauté, comme il l'a déjà fait jusqu'à ce jour !

FIN.

Imprimerie de Guiraudet et Jouaust, 315, rue Saint-Honoré.